Barack Obama

Grace Hansen

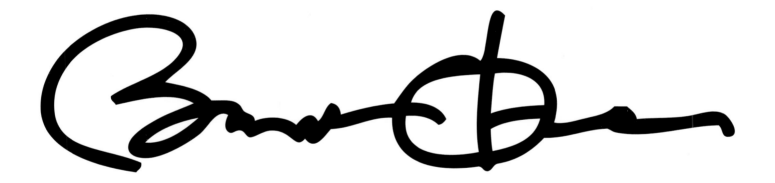

ABDO

BIOGRAFÍAS DE LOS PRESIDENTES
DE LOS ESTADOS UNIDOS

Kids

www.abdopublishing.com

Published by Abdo Kids, a division of ABDO, PO Box 398166, Minneapolis, Minnesota 55439.

Copyright © 2015 by Abdo Consulting Group, Inc. International copyrights reserved in all countries. No part of this book may be reproduced in any form without written permission from the publisher.

Printed in the United States of America, North Mankato, Minnesota.

072014

092014

 THIS BOOK CONTAINS RECYCLED MATERIALS

Spanish Translators: Maria Reyes-Wrede, Maria Puchol

Photo Credits: AP Images, Shutterstock, Thinkstock, The White House, © Pete Souza / FEMA © ChameleonsEye p.15, © Solphoto p.17, © spirit of america p.19 / Shutterstock

Production Contributors: Teddy Borth, Jennie Forsberg, Grace Hansen

Design Contributors: Candice Keimig, Laura Rask, Dorothy Toth

Library of Congress Control Number: 2014938867

Cataloging-in-Publication Data

Hansen, Grace.

[Barack Obama. Spanish]

Barack Obama / Grace Hansen.

p. cm. -- (Biografías de los presidentes de los Estados Unidos)

ISBN 978-1-62970-380-0 (lib. bdg.)

33614082020107

Includes bibliographical references and index.

1. Obama, Barack--Juvenile literature. 2. Presidents--United States--Biography--Juvenile literature.
3. Racially mixed people--United States--Biography--Juvenile literature. 4. Spanish language
materials—Juvenile literature. I. Title.

973.932--dc23

[B]   2014938867

Contenido

Los primeros años

Barack Obama nació

el 4 de agosto de 1961.

Nació en Hawaii.

Hawaii

Los padres de Obama se

divorciaron cuando él era niño.

También se crió con sus abuelos.

Obama era buen alumno.

Fue a la universidad
y estudió Derecho.

Obama pasó tiempo con la comunidad de Chicago, en Illinois. Ayudó a que la gente se uniera para lograr cambios positivos.

11

Familia

La esposa de Obama se llama Michelle. Tienen dos hijas. Se llaman Sasha and Malia.

Se convierte en presidente

Obama se convirtió en senador estatal. Más adelante se convirtió en senador nacional.

En el año 2008 Obama

fue **elegido** 44º presidente

de los Estados Unidos.

Presidencia

Obama es el primer presidente afroamericano en la historia de los Estados Unidos. Fue **elegido** presidente dos veces.

18

Mucha gente cree en Obama.

Trabaja para ayudar a los que

lo necesitan.

Más datos

- El deporte favorito de Obama es el baloncesto.

- A Obama le decían Barry cuando era niño.

- Los padres de Obama se divorciaron cuando Obama era niño. Él no vio mucho a su padre, que vivía en Kenya, África.

Glosario

divorcio – cuando el matrimonio entre dos personas se acaba de forma legal.

elegido – que ha sido seleccionado en una votación.

senador estatal – miembro del senado elegido por los distritos dentro de su estado. Representa a sus distritos al votar.

senador nacional de los Estados Unidos – miembro del senado nacional. El Senado forma parte del Congreso. Se eligen dos senadores de cada estado. Los dos senadores representan en Washington, D.C a su estado de procedencia.

23

Índice

abdokids.com

¡Usa este código para entrar a abdokids.com y tener acceso a juegos, arte, videos y mucho más!

Código Abdo Kids:

UBK0861

24